Het geslacht Roeling uit Osnabrück

Bas Roeling

Het geslacht Roeling uit Osnabrück

Genealogisch & Heraldisch Bureau S. Roeling

De tekst in deze uitgave: © Jkr. Dr. Sebastiaan Eduard
Markus Roeling 2022

ISBN 978-1-4709-8080-1

NUR 680, Geschiedenis algemeen

Eerste druk, november 2022

Genealogisch & Heraldisch Bureau S. Roeling
Bergschenhoek

Inhoud

1. De oorsprong van het geslacht

De oorsprong van het in dit boek beschreven geslacht Roeling moet gezocht worden in het Osnabrückse, dat wil zeggen de regio rond de stad Osnabrück of het gelijknamige Bisdom.

Balthazar Roeling vestigde zich vóór 06-01-1797 te Schiedam. Deze Balthazar werd omstreeks 1772 geboren als zoon van Jurien Roelink (Roulink) en Elisabeth Spikkelmeijer en bij vestiging in Schiedam werd vermeld dat hij afkomstig was uit Osnabrück. Het is goed mogelijk dat hij opgaf dat hij uit een plaatsje van het bisdom Osnabrück afkomstig was, of er werd simpelweg de grootste nabijgelegen stad vastgelegd, afkomstig uit het Osnabrückse... Er zijn echter aanwijzingen dat zijn oorsprong gezocht moet worden in de regio rond het kleine plaatsje Thuine in het graafschap Lingen.

Bij de volkstelling van 1828 woonde een zekere Barend Roling bij de zoon van Balthazar in huis. Barend was afkomstig uit Thuine. Het is goed mogelijk dat deze Barend tijdelijk introk bij familie. De naam doet in ieder geval vermoeden van wel. Dit is een sterke aanwijzing dat het in dit boek beschreven geslacht Roeling verwant is aan het geslacht Röhling – Roeling die enkele generaties woonachtig zijn geweest in Thuine, wat onder het bisdom Osnabrück valt. Twee leden van dit geslacht hadden zich rond 1810 gevestigd in het nabijgelen Kethel (zie bronvermelding). Bovendien waren er meerdere geslachten (zoals Fredriks en Joerling) die vanuit Thuine naar Schiedam en het nabijgelegen Kethel en Overschie trokken.

Balthazar en vele van zijn nakomelingen waren werkzaam in de Schiedamse jeneverstokerijen. Waarschijnlijk was deze familie dan ook naar Schiedam gekomen in navolging van de vele andere Duitsers die zich in de tweede helft van de 18de eeuw in Schiedam vestigden en in de jeneverindustrie werkzaam waren.

Genealogie van het geslacht Roeling

1.1 **Jurien Roelink (Roulink)**, geboren in circa 1740. Mogelijk wonende te Osnabrück. Gehuwd met **Eli-sabeth Spikkelmeijer**.

Jurien is de huidige stamvader van het in dit boek beschreven geslacht Roeling. Het is niet duidelijk of Jurien daadwerkelijk in Osnabrück woonachtig was. Het is goed mogelijk dat toen zijn zoon Balthazar naar Nederland verhuisde hij opgaf dat hij uit een plaatsje van het bisdom Osnabrück afkomstig was, of er werd simpelweg de grootste nabijgelegen stad vastgelegd, afkomstig uit het Osnabrückse... Er zijn echter aanwijzingen dat zijn oorsprong gezocht moet worden in de regio rond Thuine.

Uit dit huwelijk:

1. **Balthazar Roeling** (zie: 2.1);
2. **Johannes Hendrikus Roeling** (zie: 2.2).

2.1 **Balthazar Roeling (Baltus Roling/Roelink)**, geboren in circa 1772 te Osnabrück, overleden op 21-04-1824 te Schiedam. Zoon van Jurien Roeling en Elisabeth Spikkelmeijer (zie: 1.1). Gehuwd op 11-11-1798 te Schiedam met **Christina Wesling** (Wessing), geboren in circa 1773 te Maasland.

Balthazar was van beroep brandersknecht. Een brandersknecht was een arbeider in de branderij. Deze arbeiders werkten tot begin 20ste eeuw circa 19 uur per dag (van half drie 's nachts tot half negen 's avonds), uiteraard met uitzondering van de zondag, want dan werkte men maar 6 uur. De werktijden waren zonder pauzes, het eten werd gebracht door de kinderen die voor schooltijd het 'brandersprakkie' afleverden bij de meesterknecht. Een bijnaam voor de arbeiders die vóór 1900 als brandersknecht werkzaam waren was Ouwetijer, deze bijnaam kregen de brandersknechten na in-voering van nieuwe werktijden voor de branderijen die na 1900 ontstonden.

Op 06-01-1797 staat Balthazar garant (borg) voor zijn broer Johannes Hendrikus Roling. Het was in die tijd gewoonte dat een akte van indemniteit werd afgegeven door de gemeente waar iemand vandaan kwam. Hiermee verklaarde die gemeente, dat, mocht de betreffende persoon armlastig worden hij geen beroep zou doen op de armenkas van de nieuwe vestigingsplaats. Het was ook mogelijk dat iemand in de nieuwe gemeente zich garant stelde voor de betreffende persoon. Dat gebeurde dus in dit geval.

Het is aannemelijk dat de twee broers als Hollandgangers naar het "steinreicke" Holland gingen en zich hier uiteindelijk permanent gevestigd hebben. In het noordwesten van Duitsland waren er immers geen gunstige vooruitzichten. Veel Duitse seizoensarbeiders (voornamelijk uit

Westfalen en het Graafschap Lingen in de 17de tot en met de 19de eeuw) gingen in de zomer te voet naar Holland om op het land te werken. Er waren vele bijnamen voor de Hollandgangers, zoals: hannekemaaiers, spekvreters, knoeten, potschijters, grashannesen, graspoepen, kiepkerels, mieren, pikmaaiers, bovenlanders en mof. De bijnaam "poepen" was afgeleid van "papen", vele Hollandgangers kwamen namelijk uit het katholieke deel van Duitsland. De slechte economische omstandigheden in het thuisland waren de directe aanleiding voor de lange tocht.

Balthazar vond zo een bestaan in de Schiedamse jeneverindustrie, waar zijn nageslacht nog generaties lang in zou werken.

Uit dit huwelijk:

1. **Franciscus Roeling**, geboren op 01-08-1801 te Schiedam;
2. **Hendrik Roeling**, geboren op 01-12-1803 te Schiedam;
3. **Johanna Maria Roeling**, geboren op 07-01-1806;
4. **Johannes Christianus Roeling** (zie: 3.1);
5. **Maria Johanna Roeling**, geboren op 20-12-1810 te Schiedam;
6. **Johannes Roeling** (zie: 3.2).

2.2   **Johannes Hendrikus Roeling**, geboren te Osnabrück. Zoon van Jurien Roeling en Elisabeth Spikkelmeijer (zie: 1.1). Gehuwd op 29-01-1797 te Leiden met **Anna Catharina Pleging**, geboren te Leiden, overleden in 1811.

Op 06-01-1797 stond Balthazar garant (borg) waardoor hij toestemming kreeg zich te vestigen in Schiedam.

Uit dit huwelijk:

1. **Anna Christina Roeling** (zie: 3.3);
2. **Johannes Hendrikus Roeling**, geboren op 30-01-1799 te Schiedam.

3.1   **Johannes Christianus (Johan Christiaan) Roeling**, geboren 13-06-1808 te Schiedam, overleden op 12-03-1868 te Schiedam. Zoon van Balthazar Roeling en Christina Wessing (zie: 2.1). Gehuwd op 19-11-1829 te Schiedam met **Catharina Knoop**, geboren op 18-05-1807 te Schiedam, overleden op 17-03-1892 te Schiedam. Dochter van **Henricus Willem Knoop** en **Hendrina van der Sloot**.

Johannes was van beroep brandersknecht. Catharina was van beroep winkelierster.
   Bij de volkstelling van 1828 wordt een zekere Barend Roling uit Thuine genoemd als inwonend bij Johannes. Dit is een sterke aanwijzing dat het in dit boek beschreven geslacht

verwant is aan het geslacht Röhling – Roeling, waarvan enkele leden een aantal generaties woonachtig waren te Thuine en zich eveneens als Hollandgangers in het nabij Schiedam gelegen Kethel hadden gevestigd. De verwantschap kan echter niet aangetoond worden omdat er verder geen gegevens beschikbaar zijn over deze Barend en zijn eventuele verwantschap met Johannes.

Uit dit huwelijk:

1. **Christina Maria Roeling**, geboren op 29-01-1830 te Schiedam;
2. **Balthazar Roeling**, geboren op 15-08-1831 te Schiedam, overleden op 30-11-1831 te Schiedam;
3. **Hendrik Roeling**, geboren op 15-08-1831 te Schiedam;
4. **Hendrik Wilhelmus Roeling**, geboren op 11-01-1833 te Schiedam;
5. **Johannes Wilhelmus Roeling**, geboren op 18-02-1834 te Schiedam;
6. **Wilhelmus Roeling** (zie: 4.1);
7. **Hendrik Roeling**, geboren op 21-02-1837 te Schiedam, overleden op 10-12-1840 te Schiedam;
8. **Christina Roeling** (zie: 4.2);
9. **Henderica Elisabeth Roeling**, geboren op 26-03-1840 te Schiedam;
10. **Johannes Gerardus Roeling**, geboren op 10-02-1842 te Schiedam;

11. **Maria Roeling**, geboren op 19-06-1844 te Schiedam;
12. **Elisabeth Roeling**, geboren op 05-01-1846 te Schiedam;
13. **Wilhelmina Christina Roeling** (zie: 4.3);
14. **Johannes Roeling**, geboren op 20-03-1848 te Schiedam.

3.2 **Johannes Roeling**, geboren op 05-09-1814 te Schiedam, overleden op 06-12-1844 te Schiedam. Zoon van Balthazar Roeling en Chris-tina Wessing (zie: 2.1). Gehuwd op 07-10-1841 te Schiedam met **Maria Antonia Boltman**, geboren op 21-04-1816 te Schiedam. Dochter van **Antonij Boltman** en **Anna Brons**.

Johannes was van beroep metselaarsknecht. Maria was van beroep naaister. Nadat geconstateerd was dat Johannes en Maria in behoeftige omstandigheden verkeerden, werd aan hen op 23-09-1841 een Verklaring van Armoede en Bewijs van Onvermogen afgegeven. Hiermee ontvingen zij een vrijstelling voor de kosten bij het aangaan van een huwelijk. Uit verklaringen en schriftelijke verzoeken uit naam van Johannes blijkt dat het stel nog meer moeilijkheden kreeg met het aangaan van een huwelijk. De naam van de vader van Johannes, Balthazar Roeling, werd in diverse akten namelijk verschillend geschreven Roling en Roelink. Een probleem waar nog menig naamgenoot mee te kampen zou krijgen. Echter, ook zijn voornaam werd verkeerd geschreven als Baltus. Hierdoor kon Johannes geen behoorlijke akten overleggen betreffende zijn geboorte, het overlijden van zijn vader en zijn voldoening aan de nationale militie. Pas na de nodige verklaringen dat bekend was dat Balthazar de vader was van Johannes, was het mogelijk voor Johannes en Maria te huwen.

Omdat een broer reeds de militaire dienstplicht had vervult werd Johannes vrijgesteld. In het besluit hiertoe werd zijn signalement als volgt opgenomen: Lengte: 1 el, 9 palm, 1 duim, 0 streep. Aangezigt: Ovaal, Voorhoofd: rond, Oogen: blauw, Neus: groot, Mond: gew., Kin: rond, Haar en Wenkbrauwen: blond.

Uit dit huwelijk:

1. **Theodorus Balthasar Roeling**, geboren op 30-09-1842 te Schiedam, overleden op 13-04-1846 te Schiedam.

3.3 **Anna Christina Roeling**, geboren op 08-08-1797 te Schiedam. Dochter van Johannes Hendrikus Roeling en Anna Catharina Plegina (zie: 2.2). Geuwd op 07-01-1820 te Schiedam met **Bernarus Keyzer**.

15

4.1   **Wilhelmus Roeling**, geboren op 25-04-1835 te
        Schiedam. Zoon van Johannes Chris-tianus Roe-
        ling en Catharina Knoop (zie: 3.1). Gehuwd op
        03-09-1856 te Schiedam met **Elisabeth Tette-
        laar**, geboren op 18-12-1829 te Schiedam.
        Dochter van **Johan-nes Tettelaar** en **Johanna
        Braak**.

        Wilhelmus was van beroep kuiper en wekker.

        Uit dit huwelijk:

        1. **Catharina Roeling** (zie: 5.1);
        2. **Johanna Roeling** (zie: 5.2);
        3. **Johannes Christiaan Roeling** (zie: 5.3);
        4. **Johannes Roeling** (zie: 5.4);
        5. **Hendrik Roeling**, geboren op 24-10-1868 te
           Schiedam, overleden op 15-01-1869 te
           Schiedam;
        6. **Hendrica Maria Roeling**, geboren op 31-
           10-1869 te Schiedam, overleden op 11-07-
           1889 te Schiedam;
        7. **Elisabeth Roeling**, geboren op 17-06-1873
           te Schiedam, overleden op 10-08-1873 te
           Schiedam.

4.2   **Christina Roeling**, geboren op 27-06-1838 te
        Schiedam. Dochter van Johannes Christianus
        Roeling en Catharina Knoop (zie: 3.1). Gehuwd
        op 20-07-1859 te Schiedam met **Gerardus Cas-
        parus Baumhöer**, geboren op 12-11-1833 te

Schiedam. Zoon van **Johann Caspar Baum-höer** en **Johanna Zijbel**.

Gerardus was van beroep zeeman.

Uit dit huwelijk:

1. **Gerardus Casparus Johannes Baumhöer**, geboren op 12-02-1860 te Schiedam. Gehuwd op 03-06-1896 te Schiedam met **Johanna Maria Bergman**, geboren op 27-09-1861 te Schiedam. Samen kregen zij 4 kinderen, waaronder: **Johanna Maria Baumhöer** (1891-1941) en **Christina Baumhöer** (1898-1899);
2. **Johannes Christianus Baumhöer**, geboren op 05-01-1862 te Schiedam, overleden op 15-04-1862 te Schiedam;
3. **Catharina Johanna Baumhöer**, werkster, geboren op 24-06-1866 te Kethel. Gehuwd op 23-06-1886 te Schiedam met **Arnoldus Veringmeier**, houtzager, geboren op 06-09-1865 te Schiedam. Zoon van **Franciscus Veringmeier** en **Alida Maagdenberg**. Samen kregen zij 14 kinderen;
4. **Johanna Catharina Baumhöer**, geboren op 03-04-1868 te Schiedam. Gehuwd op 14-11-1888 te Schiedam met **Roelof Melchert Looijenga**, bakker, geboren op 01-07-1862 te Gouda. Zoon van **Melchert Looijenga**, arbeider, en **Anthona van Vliet**;

5. **Elisabeth Baumhöer**, geboren op 02-08-1869 te Schiedam, overleden op 16-11-1869 te Schiedam;
6. **Anna Maria Baumhöer**, geboren op 02-12-1870 te Schiedam. Gehuwd op 10-09-1890 te Schiedam met **Petrus Johannes de Leeuw**, geboren op 27-11-1867 te Schiedam;
7. **Johannes Christianus Baumhöer**, geboren op 30-11-1871 te Schiedam, overleden op 08-04-1872 te Schiedam;
8. **Elisabeth Baumhöer**, geboren op 04-12-1873 te Schiedam. Gehuwd op 19-06-1895 te Schiedam met **Hendrik Scheulderman**, brandersknecht, geboren op 26-03-1871 te Amsterdam. Zoon van **Hendrik Scheulderman** en **Henrietta Johanna Jurgens**;
9. **Johanna Christina Baumhöer**, geboren op 19-09-1875 te Schiedam, overleden op 12-10-1875 te Schiedam;
10. **Anna Maria Baumhöer**, geboren op 09-01-1877 te Schiedam, overleden op   14-03-1877 te Schiedam;
11. **Christina Wilhelmina Baumhöer**, geboren op 11-07-1878 te Schiedam. Gehuwd op 17-04-1901 te Schiedam met **Cornelius Antonius van der Moezel**, vleeschhouwer, geboren op te Schiedam. Zoon van **Martinus van der Moezel**, timmerman, en **Jannetta Dries**;

18

12. Johanna Sophia Baumhöer, geboren op 21-03-1880 te Schiedam.

4.3   **Wilhelmina Christina Roeling**, geboren op 01-03-1847 te Schiedam. Dochter van Johannes Christianus Roeling en Catharina Knoop (zie: 3.1). Gehuwd op 07-04-1875 te Schiedam met **Franciscus Johannes Dries**. Zoon van **Johannes Cornelis Dries** en **Susanna Manders**.

Uit dit huwelijk:

1. **Johannes Christianus Dries**, geboren op 04-05-1877 te Schiedam. Gehuwd (1) op 13-09-1905 te Schiedam met **Maria Elizabeth Suisse**, geboren op 07-11-1884 te Schiedam. Dochter van **Johannes Hendricus Suisse** en **Arendje Maltha**. Gehuwd (2) op 15-11-1922 te Rotterdam met **Adriaantje Verhagen**, geboren in circa 1888 te Rotterdam. Dochter van **Johannes Verhagen** en **Adriana Maria Grevenstuk**;
2. **Johanna Maria Dries**, geboren op 22-03-1879 te Schiedam. Gehuwd op 14-05-1908 te Schiedam met **Johannes Antonius Kemper**, geboren op 20-08-1877 te Schiedam. Zoon van **Wilhelmus Franciscus Kemper** en **Maria Petronella Badoux**;
3. **Francisca Johanna Dries**, geboren op 10-10-1887 te Schiedam. Gehuwd op 15-02-1911 te Schiedam met **Bernardus Casparus Gerardus Kleinekoort**, geboren op 19-12-

1883 te Schiedam. Zoon van **Bernardus Casparus Kleinekoort** en **Jacoba Catharina Mulder**;

4. **Wilhelmus Hendricus Dries**, geboren op 28-04-1881 te Schiedam. Gehuwd op 26-11-1908 te Schiedam met **Adriana Gouweloos**, geboren op 24-09-1878 te Strijen. Dochter van **Magchiel Gouweloos** en **Jacoba Graauw**;

5. **Catharina Christina Dries**, geboren op 30-07-1885 te Schiedam. Gehuwd op 03-10-1907 te Schiedam met **Arie Gommel**, geboren op 23-03-1887 te Schiedam. Zoon van **Hendrik Gommel** en **Antje de Vogel**;

6. **Christina Wilhelmina Dries**, geboren in circa 1890 te Schiedam. Gehuwd op 15-01-1913 te Rotterdam met **Henricus Alouisius Emericus Goossens**, geboren in circa 1892 te Oss. Zoon van **Hermanus Goossens** en **Heinrica Aloysia Maas**

5.1 **Catharina Roeling**, geboren op 26-09-1856 te Schiedam, overleden op 30-09-1926 te Schiedam. Dochter van Wilhelmus Roeling en Elisabeth Tettelaar (zie: 4.1). Gehuwd op 15-08-1883 te Schiedam met **Petrus van der Harg**, geboren op 04-03-1859 te Kethel en Spaland. Zoon van **Jacobus van der Harg** en **Maria de Veld**.

Ten tijde van zijn huwelijk woonde Petrus samen met zijn vader te Delft, zijn moeder was reeds overleden. Petrus was van beroep boerenarbeider en brandersknecht.

Uit dit huwelijk:

1. **Jacobus van der Harg**, geboren op 31-05-1884 te Schiedam. Gehuwd op 22-08-1906 te Schiedam met **Bertha Antonia van der Moer**, geboren op 29-05-1883 te Schiedam. Dochter van **Jacobus van der Moer** en **Gezina Peters**;
2. **Elisabeth van der Harg**, geboren op 06-01-1887 te Schiedam, overleden op 20-07-1887 te Schiedam;
3. **Petrus Antonius van der Harg**, geboren op 15-05-1888 te Schiedam, overleden op 07-08-1888 te Schiedam;
4. **Elisabeth van der Harg**, Geboren 17-05-1889 te Schiedam. Gehuwd op 13-09-1911 te Schiedam met **Bartholomeus Lips**, geboren op 29-06-1890 te Schiedam. Zoon van **Helena Lips**;
5. **Adriana Maria Mathilda van der Harg**, geboren op 03-02-1892 te Schiedam. Gehuwd op 17-08-1910 te Schiedam met **Sander van Wijk**, geboren op 26-11-1890 te Charlois. Zoon van **Arij van Eijk** en **Bouwelina Lugtenburg**.

5.2 **Johanna Roeling**, geboren op 02-01-1859 te Schiedam. Dochter van Wilhelmus Roeling en Elisabeth Tettelaar (zie: 4.1). Gehuwd op 28-07-1880 te Schiedam met **Anthonius de Koning**, geboren op 05-11-1858 te Voorburg. Zoon van **Johannes de Koning** en **Dina de Koning**.

Anthonius was van beroep kuiper. Johanna was ten tijde van haar huwelijk van beroep naaister.

Uit dit huwelijk:

1. **Johannes Cornelis de Koning**, geboren op 31-05-1881 te Schiedam, overleden op 24-09-1881 te Schiedam;
2. **Elisabeth de Koning**, geboren op 17-06-1882 te Schiedam, overleden op 17-09-1888 te Schiedam;
3. **Johannes Petrus de Koning**, geboren op 12-02-1884 te Schiedam, overleden op 09-02-1886 te Schiedam;
4. **Wilhelmus Johannes de Koning**, geboren op 03-03-1886 te Schiedam, overleden op 23-05-1886 te Schiedam;
5. **Johannes Petrus de Koning**, geboren op 28-03-1887 te Schiedam, overleden op 10-02-1888 te Schiedam;
6. **Wilhelmus Johannes de Koning**, geboren op 09-05-1888 te Schiedam, overleden op 25-01-1889 te Schiedam;

7. Wilhelmus Johannes de Koning, geboren op 29-05-1895 te Schiedam, overleden op 14-07-1896 te Schiedam;

5.3   **Johannes Christiaan Roeling**, geboren op 24-12-1861 te Schiedam, overleden op 26-02-1919 te Schiedam. Zoon van Wilhelmus Roeling en Elisabeth Tettelaar (zie: 3.1). Gehuwd op 12-08-1885 te Schiedam met **Cornelia Theodora Zuidgeest**, geboren op 24-08-1859 te Kethel en Spaland, overleden op 12-10-1921 te Schiedam. Dochter van **Gijsbertus Zuidgeest** en **Maria Christina Theodora Etman**.

Johannes was van beroep brandersknecht. Cornelia was ten tijde van haar huwelijk van beroep dienstbode.

Uit dit huwelijk:

1. **Wilhelmus Roeling** (zie: 6.1);
2. **Gijsbertus Christianus Roeling** (zie: 6.2);
3. **Elisabeth Maria Roeling**, geboren op 08-08-1888 te Schiedam. Gehuwd op 21-07-1926 te Schiedam met **Wilhelmus Johannes Roijers**, geboren op 24-07-1890 te Schiedam. Zoon van **Godefridus Johannes Roijers** en **Maria Agnes van der Heijden**;
4. **Maria Catharina Liduina Roeling**, geboren op 03-06-1896 te Schiedam, gehuwd op 28-05-1924 te Sciedam met **Theodorus Johannes Nieuwaard**, geboren

op 10-12-1896 te Schiedam. Zoon van **Gregorius Nieuwaard** en **Wilhelmina Johanna Margaretha Steenland**;

5.4 **Johannes Roeling**, geboren op 25-03-1865 te Schiedam. Zoon van Wilhelmus Roeling en Elisabeth Tettelaar (zie: 4.1). Gehuwd (1) op 06-06-1888 te Schiedam met **Mathilda van Wel**, geboren op 12-06-1867 te Mathenesse, overleden op 13-05-1893 te Schiedam. Dochter van **Jacobus van Wel**, brandersknecht, en **Geertruida Clementia Oosterbosch**. Gehuwd (2) op 07-06-1894 te Schiedam met **Petronella Catharina (Catherina) van Rijn**, geboren op 16-12-1868 te Schiedam. Dochter van **Hermanus Henricus van Rijn** en **Hillegonda de Veld**.

Johannes was van beroep mouter. Een mouter is iemand die mout maakt in een mouterij en dus net als zijn voorouders werkzaam in de keten van de jeneverindustrie. Het gezin was woonachtig aan de Vlaardingerdijk, wijk B, nummer 55.

Uit het eerste huwelijk:

1. **Wilhelmus Roeling**, geboren op 03-04-1889 om 23:00 uur te Schiedam, overleden op 30-05-1889 te Schiedam;
2. **Jacobus Roeling** (zie: 6.3);

3. **Wilhelmus Roeling**, geboren op 19-10-1892 te Schiedam, overleden op 19-04-1893 te Schiedam;

Uit het tweede huwelijk:

4. **Hermanus Henricus Roeling** (zie: 6.4);
5. **Henrica Maria Roeling**, geboren op 23-03-1896, gehuwd op 21-11-1917 te Schiedam met **Theodorus Henricus Wuisman**, geboren op18-06-1890 te Schiedam. Zoon van **Bernardus Petrus Henricus Wuisman** en **Agatha Maria van der Burg**;
6. **Elisabeth Roeling**, geboren op 24-08-1898 te Schiedam, overleden op 02-10-1898 te Schiedam;
7. **Johannes Roeling**, geboren op 13-04-1901 te Schiedam, overleden op 04-05-1921 te Schiedam;

Uit één dezer huwelijken:

8. **W. Roeling**, mannelijk, gehuwd met **A. Trouwborst** (volgens de stamreeks van Rinus Roeling had Johannes Roeling nog een zoon met de voorletter W. (Wilhelmus?) die wel een volwassen leeftijd bereikte en huwde met A. Trouwborst. Het is echter onbekend wie zijn moeder is.

6.1 **Wilhelmus Roeling**, geboren op 09-05-1886 te Schiedam. Zoon van Johannes Chris-tiaan Roeling en Cornelia Theodora Zuidgeest (zie: 5.3). Gehuwd op 28-07-1909 te Schiedam met **Maria Elisabeth Bosman**, geboren op 17-04-1885 te Schiedam. Dochter van **Franciscus Bernardus Andreas Bosman** en **Magtildis Groenendaal**. Samen kregen zij 4 kinderen.

Wilhelmus was van beroep broodbakker.

6.2 **Gijsbertus Christianus Roeling**, geboren op 09-05-1886 te Schiedam, overleden op 09-05-1976 te Maastricht. Zoon van Johannes Chris-tiaan Roeling en Cornelia Theodora Zuidgeest (zie: 5.3).

Gijsbertus stond bekend als Broeder Beatus en was gedurende 42 jaar verbonden was aan het doveninstituut van St. Michielsgestel.

6.3 **Jacobus (Jac) Roeling**, geboren op 12-05-1890 te Schiedam. Zoon van Johannes Roeling en Mathilda van Wel (zie: 5.4). Gehuwd op 11-06-1913 te Schiedam met **Johanna Maria Vredenbregt**, geboren op 25-05-1889 te Schiedam, overleden op 09-04-1965 te Schiedam, begraven op 13-04-1965 op de R.K. begraafplaats aan de Vlaardingerdijk. Dochter van **Lambertus Hendrikus Vredenbregt** en **Elisabeth Loog**.

Jacobus was caféhouder aan het Broersvest 95 C te Schiedam. Op 20-09-1933 werd het faillissement uitgesproken, maar deze werd op 12-10-1933 opgeheven wegens gebrek aan baten. Op 13-06-1948 vierde het echtpaar hun 35-jarig huwelijk (robijnen bruiloft) middels een receptie in Hotel Beyersbergen aan de Vlaardingerstraat 32. Het gezin was woonachtig in de Vlaardingerstraat 5 te Schiedam.

Uit dit huwelijk:

1. **J.M.A. Roeling**, zoon, woonachtig te Laren. Gehuwd met **J.F. Kleinekoort**;
2. **L.P. Roeling**, zoon, woonachtig te Rotterdam. Gehuwd met **M. van der Lee**;
3. **P.C. Roeling**, dochter, woonachtig te Rotterdam. Gehuwd met **A.W.M. Leenders**;
4. **J.J. Roeling**, zoon, woonachtig te Winterswijk. Gehuwd met **J. Sinnige**;
5. **E.G. Roeling**, dochter, woonachtig te Schiedam. Gehuwd met **A.E. de Lange**;
6. **M.J. Roeling**, zoon, woonachtig te Dongen. Gehuwd met **C.L.F. Leenderts**.

6.4   Hermanus Hen(d)ricus Roeling, geboren op 03-04-1895 te Schiedam. Zoon van Johannes Roeling en Petronella Catharina van Rijn (zie: 5.4). Gehuwd op 10-11-1915 te Rotterdam met **Johanna Gerarda de Ruiter**, geboren op 03-01-1894 te Rotterdam. Dochter van **Gerardus Wilhelmus de Ruiter** en **Elisabeth Johannes de Groen**.

Hermanus was tot 1925 woonachtig te Rotterdam in de Heulstraat, Vijverhofstraat en Hudsonstraat en werkzaam als handelsreiziger. Op 20-01-1925 verhuisde het gezin naar de Kamerling Onneslaan 166 B te Schiedam.
Hermanus had een sigarenwinkel aan de Broersvest te Schiedam. Op 20-10-1933 werd deze in staat van faillissement verklaard. Uit het bericht van curator Mr. P. van Bochove blijkt dat het gezin toen nog woonachtig was aan de Kamerling Onneslaan.

Uit dit huwelijk:

1. **Johannes Roeling** (zie: 7.1);
2. **Elisabeth Gerarda (Bet) Roeling**, geboren op 18-01-1920 te Schiedam. Gehuwd met **J. Lewis**, geboren op 07-07-1921 (overleden);
3. **Petronella Catharina (Nel) Roeling**, geboren op 02-06-1925 te Rotterdam. Gehuwd met **R. Ouwdenbroek**, geboren op 18-04-1924 (beide overleden);

4. H.Roeling, mannelijk, geboren op 09-07-1928. Gehuwd met **S.Dekker** (overleden).

7.1 **Johannes Roeling**, geboren 27-08-1916 te Schiedam, overleden vóór 2009. Zoon van Hermanus Hen(d)ricus Roeling en Johanna Gerarda de Ruiter (zie: 6.4). Gehuwd met **S. Luchtenburg**, geboren op 17-06-1922, overleden vóór 2009.

Uit dit huwelijk:

1. **Rinus Roeling** (zie: 8.1).

8.1 **Rinus Roeling**. Zoon van J. Roeling en S. Luchtenburg (zie: 7.1).

Zoon van Rinus Roeling:

1. **Dr. Mark Patrick Roeling**, geboren op 19-09-1985. TU Delft, 07-06-2021, dissertatie: Statistical analysis in Cyberspace data veracity, completeness, and clustering.

NATIONALE MILITIE.

Provincie ZUIDHOLLAND.

CERTIFICAAT.

De Staatsraad, Gouverneur van de provincie Zuidholland, verklaart, dat *[handwritten]* geboren te *[handwritten]* den 5*[handwritten]* 18*[handwritten]*, van beroep *[handwritten]* zoon van *[handwritten]* en van *[handwritten]*

binnen de gemeente van *[handwritten]* 15 kanton, voor de *Nationale Militie* is ingeschreven; dat aan hem, bij de loting, ten deele gevallen zijnde het nommer *[handwritten]*, hij vervolgens door den Militie-Raad, zitting gehouden hebbende te *[handwritten]* uit hoofde *[handwritten]*

[handwritten] is vrijgesteld.

Gegeven te 's Gravenhage, den *[handwritten]* 184*[handwritten]*.

De *Staatsraad*, Gouverneur voornoemd,

[handwritten]

SIGNALEMENT.

Lengte, 1 el, palm daim streep.
Aangezigt
Voorhoofd
Oogen
Neus
Mond
Kin
Haar
Wenkbraauwen
Merkbare teekenen
Handteekening

Geregistreerd n°. *[handwritten]*

Afb. 1 Vrijstelling van de dienstplicht voor Johannes Roeling (zie: 3.2).

30

Verklaring van Armoede.

in welke gevallen ook, behalve in zake van
Successie, behoorende bij het Besluit van
den 2 April 1828, no. 533. 27B. 635.
526.

Bewijs van Onvermogen.

De WIJKMEESTERS der wijk , ver-
klaren, na gedaan onderzoek, dat de perso van

Johannes Roeling

Maria Antonia Boltman,

wonende in wijk no. , in behoeftige omstandigheden verkeer , zoo dat niet in staat , tot

SCHIEDAM, den 18 .

Wijkmeester. Wijkmeester.

Bevestigd door mij Commissaris van Politie der
Stad Schiedam, den 23 18 .

De BURGEMEESTER der Stad SCHIEDAM,

Gezien het hiernevensstaande Certificaat, alsmede
de rol van den hoofdelijken Omslag dezer Gemeente,
waarbij de natemeklene perso is aangeslagen tot
, verklaart, dat

Johannes Roeling

Maria Antonia Boltman,

voor zoo veel hem bekend is, in zoodanige behoeftige
omstandigheden verkeer , dat niet in staat tot

SCHIEDAM, den 23 18 .

De Burgemeester voornoemd,

*Afb. 2 Verklaring van Armoede en Bewijs van Onver-
mogen voor Johannes Roeling en Maria Boltman (zie:
3.2).*

31

Afb. 3 t/m 6 Stukken betreffende de verkeerd geschreven naam en geslachtsnaam van Balthazar Roeling (zie: 3.2).

lijst others, daarin verhinderd wordt, aan
zoon by butten Staat is eene behoorlyke geboorte
akte, van hem, eene behoorlyke geboorte akte
akte van het overlyden zyns vaders, noe-
een een behoorlyk attest, betrekkelyk zyne
voldoening aan de Nationale Militie, te
menen produceren; doordien onderhalp
geboorte akte de geslachtnaam abusifelyk
als Roling inplaats van Roeling en
de voornaam zyns Vaders Balthu in
plaats van Balthazar, terwyl in gemeld
attest ten gevolge deze verkeerde naamspel
ling in zyne geboorte akte, insgelyks, a
ook ook abusief, gezegde geslachtnaam van
hem comparant en de voornaam zyns va
ders voorkomen, en dat in de overlydens
akte van zynen Vader, de geslacht naam
almede verkeerdelyk staat als Roeling in
plaats van Roeling. — Verzoekende de
Comparant Ons kantonregter hiervan op
te maken, eene akte van bekendheid, vol
gens de verklaring van getuigen, die hy
daartoe opzettelyk heeft byeengebragt.
Hebbende de Comparant na voorlezing als
geteekend. Geteekend Johannes Roeling.

33

Het vorenstaande verzoek door ons Kantonregter in overweging genomen en geaccordeerd zynde, Zyn voor ons gecompareerd: Jan Hendrik Schapers, oud vyfentwintig jaren; Caspert de Wolf, oud Zeventig jaren; Hendrik Knoop, oud vyf en Zestig jaren; en Antonie de Wolf, oud vier en veertig jaren, allen Branderskneckts en wonende te Schiedam --

Dewelke op derzelver gewoen plegtig hebben verklaard, dat Zy Comparanten Zeer goed kennen vernoemde Johannes Roeling en ook Zeer goed gekend hebben Zyn vader Balthazar Roeling overleden binnende Stad den een en twintig ste, April 1800 vier en twenty; Dat echter in de aan hem vertoonde Stukken hiervoren genoemd, de geslachtnaam van Roeling abusief staat vermeld als Roling -- en Roelink, en ook de gemelde voornaam van Balthazar abusief als Balthes, dat deze verkeerde naamspellingen Zonde twyffel Zyn veroorzaakt door verkeerde opgave by de aangifte van se geboorte en vervolgens by de inschryving voor de Nationale Militie van eerst genoemde, terwyl by de aangifte van

het overlijden van zijnen Vader meergenoemd
de Balthazar Roeling, almede overleden
is opgegeven, als Roelinks.

Doet, dat zij met zekerheid weten, dat
Johannes Roeling, zoo als de wezenlijke
naam is, en Johannes Roling is één
en dezelfde persoon, en dat ook Balthazar
Roeling en Balthazar Roelink bei
den behooren vermeld te zijn als S
Balthazar Roeling en alzoo een
gelijks is geweest één en dezelfde persoon.

Waarvan is opgemaakt deze Akte
van Bekendheid die na voorlezing door
de Comparanten mevens ons en den
Griffier is geteekend, (Geteekend)
J. H. Schapers, H. Knoop, J. de Wolf, C. de
Wolf J. Rinbend, Kantonregter.
(Geteekend) Griffier (onder Sten §) Gratis
Geregistreerd te Zeraven den Vier September
1800 een en veertig, deel negen te bergalf
Reste, Vak twee en drie honderd één en
een half blad, met één renvooi — de
Ontvanger (Get) Hoffmann. —

Voor Expeditie Conform.

DANK BETUIGING

Bij deze breng ik ook namens mijne Echtgenoote en Kinderen onzen innigen en hartelijken dank voor de vele blijken van liefde, toewijding en belangstelling, tijdens het leven en overlijden betoond aan onzen innig geliefden Zoon en Broeder JOHANNES ROELING, inzonderheid zij deze dank gebracht aan de WelEd. ZeerGel. H. H. Doctoren, den Zeer-Eerw. Pater Prefect en zijn mede Theologanten van het St. Dominicus-College te Nijmegen en aan de Eerw. Zusters Klooster Tuinlaan.

Uit aller naam,
JOH. ROELING
30729 20

13 Mei 1921.

Afb. 7 (links) Dankbetuiging van Johannes Roeling voor de steun die hij en zijn gezin ontving na het overlijden van zijn twintig jarige zoon Johannes (zie: 5.4)

Bij vonnis der Arrondissements-Rechtbank te Rotterdam, d.d. 26 September 1933, is uitgesproken het faillissement van

JACOBUS ROELING,

Caféhouder, Broersvest 95c te Schiedam, en zulks met benoeming van Mr. G. C. B. SURINGAR tot Rechter-Commissaris en van ondergeteekende tot Curator. 35154.16

De Curator:
Mr. C. VERMAAS.

Schiedam, 27 September 1933.
Lange Kerkstraat 66.

Bij beschikking der Arrondissements-Rechtbank te Rotterdam is heden het faillissement van J. ROELING, wonende te Schiedam, wegens gebrek aan baten opgeheven.

De Curator:
Mr. C. VERMAAS.

Schiedam, 12 October 1933.
Lange Kerkstraat 66. 36436.9

Afb. 8 en 9 (links) Krantenknipsels betreffende het faillissement van Jacobus Roeling (zie: 6.3).

36

Bij vonnis der Arrondissements-Rechtbank te Rotterdam van 20 October 1933 is in staat van faillissement verklaard

H. ROELING,

wonende te Schiedam aan de Kamerling Onneslaan No. 166 b, zulks met benoeming van den E.A. Heer Mr. J. OVERWATER tot Rechter-Commissaris en van ondergeteekende tot Curator.

De Curator:
Mr. P. VAN BOCHOVE.
Schiedam, 21 October 1933.
St. Liduinastraat 21.   37262.17

Bij beschikking van den E.A. Heer Rechter-Commissaris in het faillissement van

H. H. ROELING,

te Schiedam, is bepaald: dat de indiening der schuldvorderingen bij den curator moet geschieden vóór 20 December a.r., en dat de verificatievergadering zal worden gehouden op Donderdag 4 Januari 1934 te 9½ u., in het Gerechtsgebouw te Rotterdam.
39854.16   De Curator:
Mr. P. VAN BOCHOVE.
Schiedam, 24 November 1933.
St. Liduinastraat 21.

Heden is de uitdeelingslijst in het faillissement van

H. H. ROELING,

te Schiedam, door mij gedeponeerd ter Griffie der Arr.-Rechtbank te Rotterdam en het Kantongerecht te Schiedam,   13236.13
De Curator:
Mr. P. VAN BOCHOVE.
Schiedam, 10 Februari 1934.
St. Liduinastraat 21.

Door het verbindend worden der uitdeelingslijst is het faillissement van

H. H. ROELING,

te Schiedam, geëindigd.
De Curator:
Mr. P. VAN BOCHOVE.
Schiedam, 22 Februari 1934.
St. Liduinastraat 21.   14180.10

Afb. 10 t/m 13 Krantenknipsels betreffende het faillissement van H. Roeling (zie: 6.4).

Bronvermelding

Gemeentearchief Schiedam.

Gemeentearchief Rotterdam.

Het adellijk geslacht Röhling – Roeling – Rüling, Jkr.
Dr. S.E.M. Roeling, Lulu Press, 2020.

Persoonlijke correspondentie met Rinus Roeling, 2009.

Stamreeks Roeling, Rinus Roeling, 2009.